tu último
verso

Cubierta y diseño editorial: Éride, Diseño Gráfico

Primera edición: febrero, 2024

Tu último verso
© Gallego
© éride ediciones, 2024
Espronceda, 5
28003 Madrid

ISBN: 978-84-10051-19-5
Depósito Legal: M-35225-2023

 Este libro protege el entorno

tu último
verso

Gallego

éride ediciones

Ga-
llego

Pablo González Gallego (27/04/2000),
es un joven periodista y un novato escritor
madrileño. Trata de plasmar el sentimiento
en un pedazo de papel. Observador y curioso,
se adentró en el mundo literario cuando era
estudiante. En silencio grababa a fuego las
citas de grandes poetas nacionales como
García Lorca o Machado. Ahora emprende
un viaje hacia lo desconocido del corazón.
Para él «hoy es siempre todavía».

arte

Manifestación o expresión de cualquier actividad creativa y estética por parte de los seres humanos, donde se plasman sus emociones, sentimientos y percepciones sobre su entorno, sus vivencias o aquello que imagina sobre la realidad con fines estéticos y simbólicos.

AGRA DECI MIENTOS

A ti, por enseñarme
A vosotros, por darme todo
A mí, por no dejar de creer

A todos mis errores por aparecer
A todos mis temores convertidos en placer

———

Que muy terco por intentarlo

Que muy necio por haberlo creído

Que muy infeliz por infravalorarlo

Que muy sabio por haber aprendido

Yo,
Que por apariencias siempre me han conocido
Que muy distintas cuando me han sentido
Solamente insisto a que se queden
Para demostrar lo que nunca he sido

Que muy terco por intentarlo
Que muy necio por haberlo creído
Que muy infeliz por infravalorarlo
Que muy sabio por haber aprendido

Yo,
Que por apariencias siempre me han conocido
Solamente escribo para contar historias
Que pensarán que he vivido

El más gracioso entre los tristes
El más guapo entre los feos
Pintor de lugares oscuros
Nunca tocaba el suelo

De una sola cara
Muchas le han partido
Por querer mostrar lo que es
Sin esconder lo que ha sido

A él, que nunca le valoraron
Pero siempre correspondió
Muchas veces le lloraron
Al ver que no volvió

A él, que tanto le escribo
No es más que un reflejo
Por si algún día me ciego
Y me habita el olvido

Una boya en mitad del océano
Mi angelito de la guarda
Me salvó del peor infierno
Mostró lo que ni ella aguanta

Experiencia rebosante
Siempre tiene una palabra
Nadie sabe cómo lo hace
Ilumina allá por donde pasa

Tropieza con piedras de otro
Las aparta y se levanta
A veces con tanta fuerza
Que toda la pena espanta

Valentía firme y audaz
Atractiva como un imán
Lujuria su cuerpo entero
Efímera sonrisa mordaz

Recorro su perímetro
Intenta ser racional
Animal de mis sentidos
Presa de la nimiedad

Sorpresa sin lazo
No se sabe valorar
El secreto del regalo
Siempre es saber mirar

Echo un vistazo al espejo
Devuelve una imagen extraña
Ya no queda nada de aquel niño
Lleno de cicatrices por nada

Quise enamorarme del amor
Este apenas me escupió
Todo fue tan inconexo
No pensaba que fuera yo

Sargento de lamentos
Mayordomo del dolor
Músico en el desierto
En mi cabeza escritor

Siento normalizar en ocasiones
Aquello que es excepcional
Algo que con el tiempo
Es difícil de valorar

Siento normalizar
Unas manos amigas
Un abrazo por la espalda
Y las arrugas de mi mamá

Porque a veces no hay soles
Que tuesten nuestro mirar
Porque a veces no quedan luces
Que me saquen de la oscuridad

Por eso expreso lo que siento
Por eso escribo sin cesar
Por si lo que tuviera lo pierdo
Y no supiese dónde buscar

Diógenes de sentimiento
Horror vacui en el corazón
Habitante de mis sueños
Duerme siempre en mi colchón

Una venda en sus ojos
Una carta para el dolor
Navegando entre mares
Tormentoso desamor

Apenas dirijo una barca
No soy ningún marinero
Solo un náufrago herido
Por alguno de sus besos

Soy una rosa sin regar
Apenas comienzo y ya debo parar
Soy un sol que se apaga
Un poema a medio terminar

Muchas veces soy
Y nadie me da las gracias
Y sin embargo muchas veces
A todos pido perdón

Dueño de mis actos
Escapista del temor
Soy todo lo que ves
Cuando todos dicen «no»

El más bueno que vi jamás
Nunca malas caras
Una mano tendida
Todo con sinceridad

Me recogió del suelo
Todos me querían tirar
Me ofreció consuelo
Alguien digno de admirar

No es hermano de sangre
Pero sí amigo de verdad
Es todo lo que está bien
Entre aquello que está mal

Siempre acierto en el fallo
Treinta buenas y una mal
Nunca permito descanso
Solo un escenario fatal

Momentáneo o espontáneo
No me presentaron al azar
Hubo un día que di el paso
Lo siento tengo que parar

Ansiedad y nervios varios
No dibujé un día sin pensar
Me persigue algo malo
Que jamás llega a pasar

Agazapado sin aviso
Aprendí a sobrepensar
Lo que toco lo rompo
Nadie me enseñó a confiar

El acierto es impreciso
El sabotaje personal
Humillado en este lodo
Siempre quiero abandonar

Expectativas o imagen
Qué carajo importará
Soy un niño castigado
Rechazado por errar

Unas veces genio
Otras muchas impostor
En muchos brazos colgado
Ninguno abraza mi dolor

Todo lo deshago
Todo lo coloco
Y lo vuelvo a deshacer
Y lo vuelvo a colocar

Siempre tengo ropa tirada
Hubo fiesta en el salón
Versos en alguna mirada
No estuvo invitado el amor

Hoy la almohada me ha dicho
Que ya no le cuento nada
Apenas le susurro al oído
Ya no le canto esa nana

Todas las noches me besa
Me abraza y ruega que vuelva
Que ya no hay nadie que huela
Solo el frío rasgando la puerta

Hoy la almohada me ha dicho
Que no soy ningún poeta
Solo un niño chico que juega
A llevarse bien con su conciencia

Todo lo que tengo lo convierto
Nunca observo lo que hay detrás
Siempre quiero lo de enfrente
La arena mezclándose con el mar

Todo en diferentes momentos
Cuando vivo no me siento a hablar
Un espejo opaco en negro
Siempre refleja en blanco el mal

Un lápiz y una goma
Siempre pinto y quiero borrar
Defectos, tatuajes, personas
Siempre pinto y quiero borrar

Casi siempre se enseña
Me mata y me hace pensar
El insomnio es lo que queda
Entre el sueño y poderte tocar

Apenas poso mis dedos
Sobre la sábana de tu cuerpo
Enseguida brotan los versos
Todos ellos sin poder amar

Anoche te estuve llamando
En mitad de una calle vacía
No encontré ninguna palabra
Para besar tu mente dormida

Te agarras a mis versos
Te atas a mi voz
Te cuelgas en mis párpados
Y tiras de estos dedos que escriben

Las noches son largas entre tanta sábana
Sin los vuelos por el filo de tu falda
Y entre tanto estoy sin alas
Para volver a ser pájaro en otras ramas

Mi droga favorita
Tus manos
Tus ojos
Tu boca
Tu piel blanquita

Un billete a otra dimensión
La de tenerte encima
Acabando con mi vida
Y terminar muriendo
En el mismo colchón

Cuántas veces tuve todo
Y cuántas lo perdí
En ocasiones rico
En otras tantas infeliz

Sin noticias porque yo he elegido
Era alejarme o morir
Sin caricias porque tú elegiste
Separarme de ti

Para poder respirar
Para volver a conectar
Para no coincidir
Y desaparecer una vez más

" Cuántas veces tuve todo
Y cuántas lo perdí
En ocasiones rico
En otras tantas infeliz

Sin noticias porque yo he elegido
Era alejarme o morir
Sin caricias porque tú elegiste
Separarme de ti

Para poder respirar
Para volver a conectar
Para no coincidir
Y desaparecer una vez más "

La cara empapada
Dos cervezas a medias
Un cigarrillo por fumar
Otra carcajada sin soltar

Ha vuelto a pasar
Me he vuelto a acordar
Mi cabeza no hace más que imaginarte
Siempre recorriendo ese lugar

Malasaña aún te llora
Sus calles se apagan una y otra vez
Cuando ven mi sombra en la baldosa
Sin tu silueta de mujer

Cada vez que miro aquel balcón
Rojizo y castizo
Testigo del más puro amor
Cada vez que te veo *sinmigo*

Cada vez que te pienso y lloro
Cada vez que no te lo digo
Cuando sueño despierto
Cuando despierto y ya te has ido

Te veo tan lejos cuando amanece
Y tan cerca al atardecer
Que a la mañana estoy preso
Si por la noche no te puedo ver

Siempre estás presente en alto
Distintas formas de aparecer
Mas cuando habita en mí el llanto
Entre las nubes te veo resplandecer

Aunque no sepa si aparecerás
Aunque pene sin tu lucir
Sé que de alguna forma estás
Recordándome que fui feliz

Son dos años sin verte
Siempre lleno de preguntas
Buscando cada día coincidir
Eligiendo no elegir

Siempre me gustaría que volvieras
Pero tan solo a veces añoro volver
Por si acaso respondieras
Todo aquello para poder seguir

Por si con esa respuesta olvidase
Por si me olvidara de ti
Para no borrarlo nunca
Y acordarme de mí

Cómo olvida la piel
La suavidad de unas manos
El frío de unos labios
El calor de un abrazo

Cómo olvida la piel
La oscuridad de los ojos
Clavados en tus lunares
De cicatrices a remojo

Cómo olvida la piel
Todas esas carreteras
El vaivén de tus caderas
Y tú su mayor antojo

La ropa tirada por el suelo
Medallas que nunca aprendí a colgar
Papeles que no tienen dueño
Unas cuantas colillas sin fumar

Barriendo todo por si entro
Ventilándolo de todo mal
Vistiéndome muy discreto
Esperando un toque para entrar

Al corazón le he sacado brillo
Al alma le puse cola de pegar
Mi demonio ya no tiene espada
Mi cuerpo terminó de sangrar

El sol se esconde tras el mar
El cielo se acuna entre rocas y sal
Y mi corazón se mezcla con la arena

Sentir el viento en mi piel
Y que me envuelva el salitre
Llenándome el alma de paz
Viendo tus ojos color miel

En ese instante perfecto
Y no por suerte sino por azar
Me resguardo en tu pecho y espero
Que tus dedos me vuelvan a rozar

Un lugar que fue casa
Ahora la casa es templo
Siempre sabe lo que pasa
Incluso si no me encuentro

Alma sencilla y bondadosa
Sigues las pistas del camino
Para no perder el vuelo
De la vida hizo un casino

A veces negro otras rojo
Esa apuesta ya da igual
Ahora solo quiere unos ojos
Que le enseñen a mirar

La lista de cosas que nunca nos dijimos:

Necesito ayuda.

Estoy orgulloso de ti.

Gracias por decírmelo.

Lo necesitaba.

Tienes razón.

Un cigarro y nos vamos.

Lo siento.

No tengas prisa, lo estás consiguiendo.

Debo hacerlo.

Qué guapo estás.

Estoy aquí, pase lo que pase.

Gracias por darme espacio.

Cuídate.

Más amigo del exceso que de la sobriedad
Dando tumbos me tambaleo
Entre unos pocos brazos y muchas sombras
De lo segundo sosiego y de lo primero soledad

Con poca fe en el acierto
Y mucha suerte en el azar
A Dios pongo nombre y me encomiendo
Para no perder la inestabilidad

Siempre mayor entre los jóvenes
Separando infancia de orfandad
Como un rockero entre cantautores
Me enredo buscando normalidad

Seguir adelante no significa olvidar.
No borra todo lo que ocurrió.
Ni tampoco todo lo que sentimos.

Seguir adelante muchas veces supone
aprender a caminar sin ruedines. Soltar la muleta.
Avanzar por el mismo camino agradeciendo
la ayuda que recibiste y con la intención de
ayudar hasta llegar.

Tal vez seguir sea eso. Agradecer por lo que
pasó y por lo que pasa.
Tal vez sea alegrarse de todo lo bueno que
le pase al otro.
Tal vez sea emocionarse con las mismas
cosas, pero vistas desde otros ojos.
Ser feliz estando triste.
Tal vez seguir sea eso.

Con la fuerza de un tango robado llegaste
Revolviste todo
Desastre
Te fuiste

Si fueses mar moriría en tu orilla
Si fueses lava moriría por tocarte
Si fueses insomnio moriría por tener pesadillas
Si fueses de verdad moriría por besarte

Si solamente fueses no escribiría estos versos
Ni tan siquiera aguardaría tu respuesta
Simplemente desearía ser
Parte de tu naturaleza

Me fui de casa para olvidarte
Deprisa y sin mirar atrás
Evitando las ganas de tocarte
Cuando no pudiese más

Tras andar desiertos aguados
Y besar playas desiertas
Vuelvo a casa sin el viento
Asumir en mi cabeza un jamás

Caían

Caían las lágrimas por sus mejillas

Caían los recuerdos de esas nubes que

tocaron aquel día

Las sonrisas que espantaban pesadillas

Las cenizas de ese cigarro post jauría

Y todo cayó cuando se miraron a los ojos

Y estos no hablaban igual

Cuando esa mirada ya no era amiga

Sino una extraña y perdida

Como una botella en el mar

Que marcha a la deriva

Quiero que seas tú mi toma de tierra
Quiero que durmamos en el mismo colchón
Quiero que seas tú quien me despierte
Después de ser tu centinela
En las frías noches de tu corazón

Un amor que no te oprima
Un amor que te haga sentir seguro
Un amor que no ahogue
Que no te obligue a querer

Un amor que comprenda
Un amor que valore
Un amor que tenga libertad
Y te quiera ver volar

No te conformes con menos
Si vas a dar todo, mereces todo
Si entregas la llave, necesitas que sepan
cuidarla y no perderla
Si vas a querer, necesitas que te quieran

Con soleadas mañanas
En Andalucía sueño
Son pues tantas las ganas
Que de mí se hacen dueño

Una casita blanca sin persianas
Con tu piel morena y el cabello al vuelo
Descongelando mi corazón furtivo
Poniendo al resto a latir con recelo

Al final todo es sueño y futuro
Y ninguno podrá detenerlo
Ni el más valiente y puro
De los amores de invierno

Tierra de Reyes
Calle de versos
Tumba de amores
Noche de besos

Paseo de los Tristes
Tú que nos viste sonreír
A esa muralla que nos desviste
Por dentro y por fuera
Con todo lo que te di

Alambrarte el alma
Con cada mirada
Con cada verso
En cada fachada

Granada tiene magia
Tiene quejío;
Un aroma a pureza
Que deshace el sentío

Despensa de sabores
Olores
Y pasión;

Granada de mi vida
Y de mis amores,
Siempre sonríes
Al corazón

Nos quedó pendiente una sonrisa
Nos quedó pendiente un viaje al espacio
Nos quedó pendiente vivir sin prisa
Nos quedó pendiente un partido en mi estadio

Nos quedaron pendientes miles de cosas
Miles de abrazos
Miles de versos
Sin dar otro trago

Nos quedó pendiente la cuenta
De todos los besos
Y miradas hambrientas
Que nunca quisimos darnos

Nos quedó pendiente una sonrisa
Nos quedó pendiente un viaje al espacio
Nos quedó pendiente vivir sin prisa
Nos quedó pendiente un partido en mi estadio

Nos quedaron pendientes miles de cosas
Miles de abrazos
Miles de versos
Sin dar otro trago

Nos quedó pendiente la cuenta
De todos los besos
Y miradas hambrientas
Que nunca quisimos darnos

Asumiste que la echarías de menos.
Que echarías de menos levantarte cada
mañana y no tener unos buenos días sinceros.
Revisar los mensajes esperando el suyo.
Necesitar calma y tenerla, necesitar luz y
que te alumbrasen. Recibir todo sin pedir
sin pedir nada. También lo echarías de menos.
Un abrazo pequeño, sincero, fuerte, de los
que calman el alma y despejan la mente.
Un besito en la frente. Sus mejillas tostadas.

Cuando algo te asombre y no puedas
contárselo. Cuando todo se venga abajo y
no tengas su regazo. Cuando todo eso que
odiabas lo hagas. Cuando los besos bañados
en alcohol reinen y los brazos de otra
persona te envuelvan, la echarás de menos.

Incluso cuando todos esos sentimientos que se calmaron y se durmieron como un volcán inactivo, entren en erupción con otra persona que te haga feliz, te acordarás de ella. Porque hay personas que dejan una cicatriz en el corazón y esa era ella.

Y ojalá que cuando todo esto pase y la eches de menos, ella ya no esté. Para que no eche de menos volver a sentirse como la última vez.

Yo no quiero estar aquí
Yo no quiero fiestas de lencería
Yo no quiero sonrisas forzadas
Yo no quiero que me desvistan

Yo lo que quiero son perdones
Quiero darte explicaciones
Que me digas lo que sientes
Padre de tus confesiones

Tener un plan
Y no salir corriendo
Casi siempre de repente
Cuando puedo perderte

Quién se atreverá a querer a alguien que no se quiere
Quién será capaz de meterse en el ojo del huracán
Quién vivirá en un constante plano a contraluz
Quién estará ahí para ayudarte a salir del agua
Quién dejará la luz encendida para que no te pierdas

Quién aguantará
Quién va a querer a Godzilla

Si alguna vez me olvido
Si te tiemblan las ganas
Y me seduce el silencio
Y triunfa la inquietud

Sacude el desasosiego
Cólmate de mis desvelos
Cálmate, cariño
Que esta vez no gana el miedo

Porque, aunque me marche lejos
Siempre vuelvo a acurrucarme
Para desvelarte
Con mis sueños

Me acuerdo de tu cuerpo
Mientras observo el mar

Me acuerdo de tus olas
Allí donde solíamos navegar

A veces me inunda el recuerdo
ese color azul cian
De tus ojos cada mañana
Observando el mar

Háblame del mar
Navégame
Sal

Que me llenen de besitos la nevera
Que estoy flaco de no verte
Que solo quiero que llegues
Para poder contarte

Para escribirte lo que pienso
Cuando no estás cerca
Para pensar en lo que siento
Cuando eres mi candela

Que me llenen de besitos el alma
Que estoy flaco de no verte
Que solo quiero que te quedes
Para dejar de imaginarte

Un pueblecito de Cádiz
Y una puesta de sol
Lleno de casitas blancas
Atardeciendo en tu corazón

Una ducha en la casa
Donde vendimos el sol
Mientras la oscura noche suplicaba
Por ver acabar el show

El de querernos bien
Despacio y seguros
De ir rompiendo azulejos
Para seguir avanzando juntos

El gitano canastero
Cansadito ya de andar
Se sentó en una esquinita
Con su guitarra a tocar

Al compás de tres por cuatro
Una bulería sangró
Porque la morita que él quería
Con otro se marchó

Con la Alhambra de fondo
En el mirador de San Nicolás
Construyó unos escalones en el cielo
Para subir la escalera y mirar

Ay que la morita lloraba
A Granada por no saberla guiar
A esa niña que se reflejaba
En la fuente del amar

Andalucía es la cuna del sol
De la guitarra y el flamenco
De playas y sierras altas

Tierra de luz y color
Verano con silla en la puerta
Un padre que emigra allá lejos
Poesía y partida razones del amor

Donde acortan las palabras
Y donde por febrero se disfraza
Cada cita con la primavera
Para recibir la visita de Dios

Valiente y sinvergüenza
Curiosa y atenta
Salada y zalamera
Mujer madre pañuelo y compañera

La que sin ser de allí
Me acogió
La que sin darle nada
Me abrió su corazón

Y me fui y tú te fuiste
Sin oposición y sin resistencia
Sin aferrarte
Sin querer

Y yo solo aprendí
A echarte de menos
A pensarte en silencio
A quererte a lo lejos

Y tú te fuiste
Y yo solo aprendí
A enamorarme sin tenerte
A darme cuenta tarde

Desconfío de todo bien
De aquello que es perfecto
De aquel que no tiene cicatriz
De los que encuentran remedio

Adicto a las tiritas y al alcohol
Consumo dosis de heridas
Pues la imperfección es esencia
Y yo siempre tengo algún raspón

Desubicado en un punto
Agarrado a este renglón
Esquivo toda presencia
Solo quiero matar al «yo»

Una vida entera
Bastaría para hacerlo
Para encontrarme con mis límites
Y con mi tendencia al exceso

Una vida entera
Muriendo por tus huesos
Para que seas mi balanza
Cuando no haya contrapeso

Una vida entera
Daría por completo
A cambio de un susurro
Diciéndome «te quiero»

Pasaste tanto tiempo en el albero
Que no te supiste preguntar
Si de verdad vivías por los suelos
O es que se te olvidó volar

Pasaste tantas noches en el infierno
Que no supiste diferenciar
Entre coger el sueño o ese miedo
Te callabas cuando querías gritar

Siempre rozando rascacielos
Aterrizando en medio del mar
Un naufragio sin tu pelo
Todo desierto desde que no estás

La vida es un contratiempo,

Algo tan difícil de vivir
Y tan fácil de perder
Como enseñar a olvidar
Como volver a querer

La vida es un contratiempo,

Que viene sin avisar
Que marcha sin despedirse
Regala para arrebatar
Que pena sin llorar

La enfermedad del domingo,

La de colgarme en tus bragas
Y vivir por la noche
Soñando en tu almohada

La del sofá eterno con manta
Con una copa de vino
Y la serie que nos encanta

La de comer con los ojos
Abrazar con los labios
Y jugar como un niño

Un alma soñadora
Sincera
Cobarde
Que por tanto viento y desliz

Puso cadenas a sus pasos
Para no olvidar aquel camino
Por donde tanto anduvo
Allí donde fue feliz

Un alma perdida
Y errante
Que viene a morir
A orillas del Guadalquivir

Sin buscar belleza en lo exacto
Y apreciando mi deformidad
Disfruto cada uno de mis pasos
Siempre en busca de sensibilidad

Observo y me paro
Analista de ese lunar
Es en sueños mi faro
En mi lengua penalidad

Sin buscar aquello que hablo
Llegaste y te volví a observar
Por si todo lo que soñé había llegado
Por si al fin te podría tocar

Cuido tus labios
Y los memorizo con esmero
Por si algún día te pierdes
Recordar de dónde vengo

Repasar todos tus lunares
A los que miro con tanto deseo
Cuando solo encuentro vacío
En cada uno de mis sueños

Sin esperarlo
Sin querer detenerlo
Solamente unir palabras
Con pedacitos de hechos

Cuido tus labios
Y los memorizo con esmero
Por si algún día te pierdes
Recordar de dónde vengo

Repasar todos tus lunares
A los que miro con tanto deseo
Cuando solo encuentro vacío
En cada uno de mis sueños

Sin esperarlo
Sin querer detenerlo
Solamente unir palabras
Con pedacitos de hechos

De tristeza y abstinencia
Tengo inundado el pecho
Cuando vuelve el olor de tu pelo
A rondar por mi conciencia

El recuerdo llama a la puerta
Pero ya no le dejo entrar
Se portó mal conmigo
Cuando trataba de olvidar

Ahora miro por la ventana
Por si vuelves a rondar
Por si se te pasa por la cabeza
Volverme a lastimar

Todo fue de verdad y sincero
Pero sin querer nos olvidamos
Y nos dejamos de querer
Por seguir queriendo

Mientras te decides
Iré recogiendo el salón
Organizaré la ropa
Y acomodaré la habitación

Mientras te decides
Desempolvaré mi corazón
Por si en cualquier caso decides
Y te apetece darle calor

Mientras te decides
Seguiré escribiendo
Para no asfixiarme
Entre tanto nubarrón

A veces pienso en el mar como un lugar de calma. Otras, como una cuna de tormentas. Allí donde me dirijo para poner en orden mis miedos, y allí donde surgen nuevos.

Donde sentirte vulnerable. Donde valorar lo que te mantiene en ese vaivén de olas con vida.

Un parque de nubes, con formas distintas y que escudan la inmensidad. Parque de ilusiones, amores y soledad. De miedos, confesiones y desamores. Parque donde jugar.

Donde jugar contigo mismo y poner a remojo esas heridas que escuecen con la sal.

Echo de menos
Tu ropa en mi cama
Despertarnos con besos
Y tu sonrisa en mi almohada

Echo de menos
Tu pelo por el suelo
Tus teorías sobre el cielo
Y tu voz entrecortada

Ahora todo lo echo de menos
Cuando antes lo echaba de más
Ahora todo habita en el recuerdo
Y tal vez no se vaya jamás

Muchas curvas he trazado
Muchos labios he besado
Y sin embargo desde entonces
Cuando lo hago donde estás

Siempre imagino que te tengo al lado
Y sigo sin sacarte de estos versos
Imposible no nombrarte en mis adentros
No sentirte en otros besos
Desde entonces dónde estás

A la vida y al dolor
A los sueños y al amor
Les escribo cada noche
Ocultando mi temor

A que no me quieras más
A no unir tus lunares
A no volverte a tocar

Esa mejilla dorada
Esos labios de sal
Que escuecen mis heridas
Siempre que te salgo a buscar

Todos lloramos a diario

Algunos lloran escribiendo
Algunos lloran bailando
Bastantes lloran riendo
Otros lloran callando

Y otro muchos
Simplemente lloran
Llorando

Hay días que saludo al dolor. Otros en los
que le cierro la puerta y muchos en los que
me acompaña siendo mi sombra y hasta mi paraguas

A veces tendemos a rechazar el dolor
A querer expulsarlo rápidamente de
nuestro cuerpo porque pensamos que nos
va a matar

Sin embargo, pienso que debemos dejar
que el dolor llegue, que duela. Que duela mucho

En ocasiones jugar con él y siempre
aprender de él. Aunque le odiemos, nos
tiene que enseñar casi por obligación

Y una vez aprendes de él, se marcha
Por eso si algo sigue doliendo y tarda en
irse, es porque todavía tiene algo que enseñarnos

Ay, que tendrán tus besos
Que a mí me saben a caramelo

Ay, que tendrá tu pelo
Que me eleva hasta el cielo

Ay, que tendrán tus ojos
Que calman todos mis enojos

Ay, de dónde viniste
Que cada vez que te pienso
Mi alma se desviste
Y te confunde con el viento

Te diría tantas cosas
Que no sabría por dónde empezar

Que aún me emociono con los versos
Y cuando no sé qué va a pasar

Que me enfadan muchas cosas
Incluso las que no puedo controlar

Que todavía te pienso por las noches
Cuando miro al cielo y ya no estás

Que aún pienso en todos esos besos
Y en todo lo que no supimos cuidar

Te diría tantas cosas
Que no sabría por dónde empezar

Me hablaste de nostalgia
Y del paso del tiempo
De no querer perderte
Y de vivir cada momento

Pero allí estás de nuevo
Protagonista en otro cuento
Esperando a ver como se apaga
La misma llama con el viento

Son tus brazos dos puñales
Que me apuñalan al abrazarte
Que me cortan sin tocarte
Que me impiden confiarte

Son tus brazos dos puñales
Los que apenas me han rozado
Y que hacen que resbale
Cuando estoy en tu regazo

"
Son tus brazos dos puñales
Que me apuñalan al abrazarte
Que me cortan sin tocarte
Que me impiden confiarte

Son tus brazos dos puñales
Los que apenas me han rozado
Y que hacen que resbale
Cuando estoy en tu regazo
"

Adoro los olores
Los olores que te recuerdan a alguien
Los olores que te transportan a un lugar

Adoro que determinen cosas
Adoro que tratemos de recordarlos
Que duelan cuando se nos olvidan
Que sigamos buscándoles dueños

De lo que pasa por tu cabeza
Quisiera entender más
En qué piensas cuando callas
Y te partes por la mitad

De lo que ocurre en tu cuerpo
Quisiera ser destino
Las dunas de tu espalda
Y de tu boca un suspiro

De todo querría ser
Tu sexto sentido
Un último aliento
Más que un descuido

La gente mayor.
A la gente mayor nunca le hicimos caso.
A la gente mayor no le escuchamos cuando
nos avisaron de las piedras que habría en el camino.

No valoramos suficiente cuando se
tropezaban ellos para hacernos ver por
dónde no ir. La misma que dejaba las huellas
en la playa para que supiéramos por dónde
pisar y no perdernos. Para no hacernos daño.

La gente mayor,
la que tocaba las espinas de un rosal para
que no nos pinchásemos. Para no sangrar.

La que nos aupaba a hombros para que
pudiéramos visualizar lo mismo que ellos
cuando aún no nos habíamos ganado ese premio.

La gente mayor siempre nos dio lecciones.
Para no cometer los mismos errores.
Para que hiciésemos lo que ellos no pudieron.
Para poder ser mejores.

La vida nos ofrece continuos viajes. Trenes que no vuelven pasar. Mientras esperamos en la estación con un café caliente y un libro, disfrutando de ese momento de soledad, tu tren acaba de llegar. Aunque tú no lo sepas.

Te quedas mirando hacia dónde va, pensando que te apetece ir a ese lugar. Un destino en el que nunca has estado y el cuál te encantaría visitar. No sabes si debes porque aún no has terminado ese café todavía caliente y apenas llevas leído un cuarto del libro. Sin maleta y con el miedo de no saber si volverás, piensas en si ese tren que está parado volverá a pasar con destino al mismo lugar. Los recuerdos te invaden. Algunos son escurridizos, que huyen, marcados por aquella parada forzosa en una estación perdida y otros te abrazan tan fuerte que incluso construyen contigo otros nuevos. Que corren contigo para no perder ese nuevo tren que la vida nos ofrece, sin importar las horas que pueda durar el viaje.

Negociando por las noches
Si ceder el dolor a un malvado
O dejar en tus manos mi corazón
Tal vez merezca la pena o tal vez no

Negociando por las noches
El divorcio entre tú y yo
Entre mis manos y tu pelo
Separar los lunares de los dos

Negocio a diario
Y siempre pierdo
Porque, aunque no te hayas presentado
Siempre me gana el amor

Negociando por las noches
Si ceder el dolor a un malvado
O dejar en tus manos mi corazón
Tal vez merezca la pena o tal vez no

Negociando por las noches
El divorcio entre tú y yo
Entre mis manos y tu pelo
Separar los lunares de los dos

Negocio a diario
Y siempre pierdo
Porque, aunque no te hayas presentado
Siempre me gana el amor

Enredarme en unas manos
Balancearme sobre el cabello
Terapia o suicidio
Un disparo en la sien

Un montón de granitos de arena
Esparcidos por tu piel
Unas cuantas gotitas en mis yemas
Que al secarse se hacen miel

Mil deseos que se ciernan
Desvistiéndome por los pies
Mientras danzo entre tus piernas
Deseando serles fiel

Un tesoro por encontrar
Encallado duerme en la arena
Meciéndose entre las olas
Ideas que vienen y van

Mar en calma si la miras
Tempestad cuando no estás
No se ahoga y tampoco flota
Nadie le enseñó a nadar

Dos perlas en la cara
Reflejo de la verdad
Hechicera de poemas
Droga pura del amar

Me pierdo en tus curvas
Siento placer en el dolor
Ansío morir en la calma
Congelarme en tu corazón

Si eres el amor de mi vida
No sé si la respuesta es no
Quizá me equivoqué de vida
Porque sé que no de amor

Me deslizo en una nube
Salto desde un balcón
Esclavo de lo que no tuve
El lugar donde soy yo

Despierto sueño con su olor
Una mirada con risa
Dulce aroma a vainilla
Sus ojos un jardín en flor

Mofletes que asustan al miedo
Brazos que hacen de venda
Unos labios que limpian por dentro
Diez dedos ajenos al temblor

Sus piernas son carretera
Para el camino de un beso
Sus manos solo frontera
Entre el cielo y su amor

Dentro de ti veo un jardín de rosas
Un parque lleno de niños jugar
Unas cuantas heridas
Tal vez te pinchaste con un rosal

Dentro de ti imagino historias
Y entre tanto sueño con tu lunar
Mancha de tinta y prosa
Recuerdos del amar

Dentro de ti hay miles de versos
Labios que quiero besar
Dentro de ti hay tantas cosas
Que solo quiero que me dejes sacar

Pasaste tanto tiempo en el albero
No sabes más que torear
Viviendo siempre a ras de suelo
Entierras la muleta para volar

Pasaste tantas noches en el ruedo
Que no sabes diferenciar
Coger el toro por los cuernos
Piensas en dejarte cornear

Siempre rozando los pitones
Ya no rezas al matar
El traje no luce en tu cuerpo
Puerta grande donde estás

Te sigo muy de cerca, pero desde lejos
Me encantaría decirte que te quiero
Que, aunque me marché con lo puesto
En la cabeza quedan los recuerdos

Que me estoy destrozando
Que no me estoy queriendo
Que apenas busco un sitio tranquilo
Y los pájaros vuelven a revolverlo

Quiero saber
Quiero recordarte
Quiero que me cuentes
Aunque ya sea tarde

Que me estoy destrozando

Que no me estoy queriendo

Que apenas busco un sitio tranquilo

Y los pájaros vuelven a revolverlo

La sombra me acompaña
Dondequiera que voy
Silenciosa y oscura
Siempre a mi alrededor

Sombra que oscurece
Cuando el día acaba
Sombra que me sigue
Dondequiera que voy

La sombra es misteriosa
Un reflejo del ser
Una parte de mí
Que siempre está al revés

Uno es aquello que ama
Pero también lo que teme
Uno es todo lo que afronta
Sin saber lo que se viene

Somos cuando caemos
Seremos cuando levantemos
Siempre recomponiendo
Nuestros propios pensamientos

Ateos de nacimiento
Se amparan en la fe
De creer que lo que tienen
Es por su buen hacer

Siempre busco una luna
Que ilumine mi noche
Un pequeño rayo de luz
Camino y se esconde

Aparece entre sombras
Más alta
Más blanca
Más torpe

Siempre busco un sendero
Entre nube y deseo
Una espiral de conciencia
Un freno al remordimiento

Escaleras hacia el cielo
En forma de estación
Pirámides de gloria
Erigidas a pleno corazón

Mi rincón favorito de Madrid
Mi primer gran amor
Mil lágrimas llegan a la orilla
De mi Vicente Calderón

Pasará la gente
Se irán los jugadores
Cambiarán escudos
Y seguirán las emociones

Nunca muere aquello en la mente
Porque siempre acudiremos a millares
A llorarte a esa Ribera
Ribera del Manzanares

En tu piel hay pequeños soles
Puntos que brillan con alegría
Manchas de tinta por el cuerpo
Heridas que sanan cada día

Estrellas que me guían
Formas cuando solo hay sombras
Historias llenas de brillo
Todas te identifican

No los ocultes ni los cubras
Quiero unirlos por completo
Para saber a dónde llevan
Y comprobar si todo es cierto

Una manchita roja sobre un lienzo
Es lo que veo sobre tu cuerpo
Cuando observo aquel lunar
Manchita roja en el universo

Un planeta para gobernar
Cuando peco ya parece Marte
Aun cuando me marcho lejos
Luz que no deja de alumbrar

Una gota de agua en el desierto
Una botella en mitad del mar
Cuando me pierdo por tu cuerpo
Manchita que me vuelve a guiar

Ay manchita quiero besarte
Ay que no te quiero borrar
Solo cuidarte y no pincharte
Solo dejarte de imaginar

Tus ojos de estatua
La solitaria rosa de tu aliento
Un tronco sin ramas
A la orilla de tus pensamientos

Quiero encontrar la flor
Regalársela al sufrimiento
Que seas mi cara y mi cruz
Tu negro pelo mi cielo

El tesoro oculto mío
Dolor mojado con el viento
Perro de tu señorío
Guardián de tus inviernos

Esta primera edición de *#Tu último verso*,
de Gallego,
terminó de imprimirse
en febrero de dos mil veinticuatro.